CATALOGUE

DES LIVRES

GRECS MODERNES,

QUI SE TROUVENT À LA LIBRAIRIE ÉTRANGÈRE

DE

Théophile Barrois fils,

RUE RICHELIEU, N° 14,

PRÈS LE PALAIS ROYAL ET LE THÉATRE FRANÇAIS.

Prix : 25 Centimes.

Paris,

AVRIL 1830.

CATALOGUE

DE

Livres grecs modernes.

1 **MÉTHODE** pour étudier la langue grecque moderne; par *Jules David. Paris*, 1827, 1 vol. in-8°. br.   5 fr.

2 **GRAMMAIRE GRECQUE** universelle, ou méthode pour étudier la langue grecque ancienne et moderne; par *Théocharopoulos. Paris*, 1830, 1 vol. in-8°, br.   5 fr.

3 **GRAMMAIRE ÉLÉMENTAIRE** du grec moderne; par *Michel Schinas. Paris*, 1829, 1 vol. in-8°; br.   5 fr.

4 **EXPOSITION ABRÉGÉE** de la prononciation grecque et de l'orthographe; par *Théocharopoulos. Paris*, 1829, 1 vol. in-12; br.   75 c.

5 **DIALOGUES FAMILIERS** précédés de quelques phrases faciles et suivis de plusieurs dialogues de Fénelon, en français, anglais et grec moderne; par *Théocharopoulos. Paris*, 1828, 1 vol. in-12, br. 3 fr. 5o c.

6 **L'INTERPRÈTE DU FRANÇAIS** en Grèce, ou Méthode pour parler la langue grecque moderne sans l'avoir apprise; par d'*Orient de Bellegarde* et *Delgay. Paris*, 1829, 1 vol. grand in-8°, br. 4 fr.

7 **DICTIONNAIRE GREC** moderne-français, contenant les diverses acceptions des mots, leur étymologie ancienne ou moderne, et tous les temps irréguliers des verbes; suivi d'un double vocabulaire de noms propres d'hommes et de femmes, de pays et de villes; par *Dehèque. Paris*, 1825, 1 gros vol. in-16. 10 fr.

8 **DICTIONNAIRE** français-grec moderne; par *Zalyk. Paris*, 1809, 1 vol. in-8°, rare. 20 fr.

9 **GRAMMAIRE FRANÇAISE** de Letellier, traduite en grec moderne, et augmentée d'une introduction et de remarques essentielles, à l'usage des jeunes Hellènes; par *Théocharopoulos. Paris*, 1827, 1 vol. in-8°, br. 5 fr.

10 **ÉLÉMENS** de la grammaire française et de l'orthographe en vingt-quatre leçons, à l'usage de

la jeunesse grecque; par *Ph. T****. *Paris*,
1824, 1 vol. in-12, br.   2 fr.

11 **NUOVO ALPHABETO GRECO** volgare ad uso
degli studiosi di questa lingua; da *Giorgio Kutuffa. Livorno*, 1826, 1 volume in-8°, bro-
ché.   3 fr. 50 c.

12 **COMPENDIO** di grammatica della lingua greca
moderna di *Giorgio Kutuffa. Livorno*, 1825,
1 vol. in-8°, br.   4 fr.

3 **GRAMMATICA**, dizionarj, e colloqui per im-
parare le lingue italiana, greca volgare, e
turca, e varie scienze, coll' aggiunta d'un cata-
logo di parole ecclesiastiche in armeno ed ita-
liano; da *Pianzola. Venezia*, 1801, 4 tomes
en un vol. in-8°, demi-reliûre.   13 fr.

14 **DIZIONARIO ITALIANO-GRECO** volgare,
coll' aggiunta d'un tavola di tutti i numeri,
d'uno dizionario di nomi propri d'autori
greci, latini ed italiani, e d'un dizionario
geographico, composto da *Blanti. Venise*,
1792, 1 vol. in-8°, demi-reliûre.   16 fr.

15 **FAMILIAR DIALOGUES** preceded by some
easy phrases, and followed by several dialogues from Fénelon, in french, english, and
greek; by *Theocharopoulos. Paris*, 1828.
1 vol. in-12, br.   5 fr. 50 c.
                                                   *

CAT. GREC MOD.

16 **GRIECHISCH-DEUTSCHES HANDWŒR-TERBUCH**; von *Schmidt. Leipsig*, 1827, 1 vol. in-16, br.   6 fr.

17 **GRAMMAIRE GRECQUE** à l'usage des Grecs; par *Néophyte Bamba. Corcyre*, 1828, 1 vol. grand in-8°, br.   13 fr.

18 **PARALLÈLE** des deux langues grecques, ancienne et moderne; par *Jules David*, en grec moderne. *Paris*, 1 vol. in-8°, br.   5 fr.

19 **LETTRES AUTOGRAPHES** sur la seconde édition de la grammaire de Terpsithée, écrites par *Alexandre Basileos*; en grec moderne. *Vienne*, 1809, 1 vol. in-8°, br.   2 fr. 50 c.

20 **COMMENTAIRES** sur le quatrième livre de la grammaire de *Théodore de Gaza*; en grec moderne. *Vienne*, 1805, 1 vol. in-8°, demi-reliûre.   6 fr. 50 c

21 **A TOUS LES COMPATRIOTES ZÉLÉS** pour la croyance et le bien de notre peuple (Prospectus du dictionnaire grec appelé *Kivotos arca*); en grec moderne. *Constantinople*, 1820, 1 vol. in-8°, broché.   2 fr. 50 c.

22 **ESSAI D'UN TÉLÉMAQUE POLYGLOTTE**, ou les Aventures du fils d'Ulysse, publiées en langues française, grecque moderne, armé-

nienne, italienne, espagnole, portugaise, an-
glaise, allemande, hollandaise, russe, polo-
naise, illyrienne; avec une traduction en vers
grecs; par *Fleury Lécluse. Paris*, 1812, 1 vol.
in-8°, broché.   5 fr.

23 **RECUEIL D'ALPHABETS** arabe, turc, persan,
éthiopien, abyssin, cophte, grec, étrusque,
irlandais, anglo-saxon, mœso-gothique, russe,
slavon, allemand, illyrien, servien, armé-
nien, géorgien, grandan, nagron, bengali,
telongou, malabar, siamois, bali, thibétain,
tartare-mantcheou, japonais, chinois, etc.;
contenant 25 planches gravées avec beaucoup
de soin. *Paris*, 1784, 1 vol. in-fol. br. 25 fr.

24 **MAXIMES** et Réflexions morales du duc de *La
Rochefoucauld;* traduites en grec moderne
par *Wladimir Brunet;* revues et corrigées par
Théocharopoulos, avec une traduction an-
glaise en regard du texte français. *Paris*,
1828, 1 vol. grand in-8°, broché.   7 fr.

25 **CHANTS POPULAIRES** de la Grèce moderne,
recueillis et publiés avec une traduction française, des éclaircissemens et des notes; par
Fauriel. Paris, 1825, 2 vol. in-8°, br. 12 fr.

26 **ODES NOUVELLES** de *Kalvos* de Zante, sui-
vies d'un choix de Poésies de *Chrestopoulo;*

traduites en français avec le texte grec en regard. *Paris*, 1826, 1 vol. in-18, br. 4 fr. 50 c.

27 **MORCEAUX CHOISIS** des historiens grecs
modernes, à l'usage de ceux qui étudient la
langue grecque moderne. *Paris*, 1813, 1 vol.
in-8°, broché. 4 fr. 50 c.

28 **LE STYLE ÉPISTOLAIRE**, ou Modèle de
Lettres sur différens sujets; par *Spiridon My-
lias. Venise*, 1757, 1 vol. in-8°, cart. 6 fr.

29 **ÉLÉMENS** de Logique, de Métaphysique et de
Morale, par *Soave*; traduits en grec moderne.
Venise, 1818, 4 vol. in-8°, demi-rel. 36 fr.

30 **LA LOGIQUE**, ou l'Art de penser; par *Con-
dillac*; traduit en grec moderne par *Paul
Demetrius. Vienne*, 1801, 1 vol. in-8°, broché. 7 fr. 50 c.

31 **EXPOSITION SYNOPTIQUE** des Principes de
l'Arithmétique, de l'Algèbre et de la Chronologie; par *Kosma Jereos*; en grec moderne.
Vienne, 1798, 1 vol. in-8°, cart. 8 fr. 50 c.

32 **TRAITÉ** des Sections coniques; par *Bouillon-
Lagrange*; traduit en grec moderne. *Vienne*,
1802, 1 vol. in-8° avec fig., demi-rel. 9 fr.

33 **CLEF** des Connaissances physiques et mathéma-
tiques; par *Kouma*; en grec moderne. *Vienne*,
1807, 8 vol. in-8°, reliés. 55 fr.

34 **PHILOSOPHIE CHIMIQUE** de *Fourcroy*; traduite en grec moderne par *Théodosius Eliades*.
Vienne, 1802, 1 vol. in-8°, demi-rel. 6 fr. 50 c.

35 **RAPPORT** sur l'hôpital des Grecs de Galata;
en grec moderne. *Constantinople*, 1806. 1 vol.
in-8°, broché. 2 fr. 50 c.

36 **DISSERTATION** sur la Vaccine et sur son
emploi salutaire comme préservatif et lénitif
de la petite-vérole; par *Louis Karenos*; en
grec moderne. *Vienne*, 1805, 1 vol. in-8°,
broché. 2 fr. 50 c.

37 **LA CHARTE CONSTITUTIONNELLE**; traduite en grec moderne par *Dehèque*. *Paris*,
1821, 1 vol. in-12, broché. 75 c.

38 **CONTRAT** (le) **SOCIAL**, ou Principes du
Droit politique; par *J.-J. Rousseau*; traduit
en grec moderne par *Zalik*, et publié avec
une préface par *Nicolopoulos*. *Paris*, 1828,
1 vol. in-12, broché. 5 fr.

39 **LA VRAIE POLITIQUE**; traduction du français en grec moderne. *Venise*, 1781, 1 vol.
in-8°, cartonné. 5 fr. 50 c.

40 **ESSAIS** sur les garanties individuelles que ré-
clame l'état actuel de la société; par *Daunou*;
traduit en grec moderne par *Ph. Paris*, 1825,
1 vol. in-8°, broché. 7 fr.

4 1 **MANUEL** métaphysico-dialectique, ou Analyse
critique du système de Locke sur l'entende-
ment humain; en grec moderne. *Venise*,
1796, 1 vol. in-8°, broché.   7 fr. 5o c.

4 2 **DISCOURS PHYSIOLOGIQUE** sur la maxime:
CONNAIS-TOI TOI-MÊME; par *George Chryso-
belone*; en grec moderne. *Vienne*, 1802,
1 vol. in-12, demi-reliûre.   4 fr. 5o c.

43 **DIALOGUE** sur la fortune; traduit du russe en
grec moderne par *Kaskampas. Saint-Pétcrs-
bourg*, 1802, 1 vol. in-12, br.   3 fr. 5o c.

44 **TRAITÉ** sur l'éducation des enfans; par *Joseph
Missiodace*; en grec moderne. *Venise*, 1779,
1 vol. in-8°, broché.   5 fr. 5o c.

45 **MAGASIN DES ENFANS,** ou Entretiens
d'une sage gouvernante avec ses élèves; par
madame *Le Prince de Beaumont*; traduit en
grec moderne par *Blanti. Venise,* 1794, 4 vol.
petit in-8°, brochés en carton.   18 fr.

46 **PAUL ET VIRGINIE;** par *Bernardin de Saint-
Pierre;* traduit en grec moderne. *Paris,* 1824,
1 vol. in-18, broché.   3 fr.

47 **LA CHAUMIÈRE INDIENNE** et le Café de
Surate; par *Bernardin de Saint-Pierre;* traduit en grec moderne. *Paris,* 1825, 1 vol.
in-18, broché.   3 fr.

48 **AVENTURES DE TÉLÉMAQUE**, fils d'Ulysse;
par *Fénelon*; traduit en grec moderne par
Gobdelaa. *Venise*, 1803, 2 vol. in-8°, demi-
reliûre.   22 fr.

49 **LA MORT D'ABEL**, poème; par *Gessner*; en
grec moderne. *Leipsick*, 1795, 1 vol. in-8°,
cartonné.   6 fr.

50 **APERÇU SUR L'HISTOIRE UNIVER-
SELLE**; par *Néophyte Doucas*; en grec moderne. *Vienne*, 1805, 1 volume in-8°, broché.   3 fr. 50 c.

51 **HISTOIEE** catholique ancienne et moderne,
contenant le récit des principaux évènemens
remarquables depuis la création jusqu'à nos
jours; par *Kondos*. *Paris*, 1819, 1 vol. in-8°,
broché. (Le tome 1er seul publié.) 3 fr. 50 c.

52 **VOYAGES DU JEUNE ANACHARSIS** en
Grèce; par *Barthélemy*; traduit en grec moderne par *Kosropalatos*. *Vienne*, 1819, 7 vol.
in-8°, et atlas in-folio, brochés.   54 fr.

53 **COMMENTAIRE** sur Thucydide et extrait de
son Histoire; par *Manuel* de Ténédos; en
grec moderne. *Vienne*, 1799, 1 vol. in-8°,
demi-reliûre.   5 fr. 50 c.

54 **CHRONOLOGIE** des premiers temps après la

venue de Jésus-Christ; écrite en grec moderne par l'archevêque *Eugène* de Bulgarie. *Leipsick*, 1805, 1 vol. in-8°, relié. 7 fr. 50 c.

55 **HISTOIRE** des Conciles œcuméniques, suivie de diverses Pensées chrétiennes; en grec moderne. *Venise*, 1643, 1 vol. in-8°, relié en vélin. 7 fr.

56 **HISTOIRE** de Napoléon Ier, empereur des Français, roi d'Italie; par *Blanti*. *Venise*, 1808, 3 vol. in-8°, brochés. 18 fr.

57 **CE QUE DOIVENT FAIRE LES GRECS** dans les circonstances actuelles; dialogues de deux Grecs, habitans de Venise, à la nouvelle des victoires de Napoléon; en grec moderne. *Venise*, 1805, 1 vol. in-8°, br. 4 fr. 50 c.

58 **DIALOGUES** sur les Évènemens politiques de la Grèce; par *Zalyk*, publiés par *Agatophron*; en grec moderne. *Paris*, 1828, 1 vol. in-18, broché. 3 fr.

59 **MÉMOIRE SUR LA GRÈCE**; par *Châteaubriand*; traduit en grec moderne. *Paris*, 1824, 1 vol. in-8°, broché. 2 fr. 50 c.

60 **L'ABEILLE**, journal grec trimestriel publié par *Kondos*. *Paris*, 1819 et 1820. Les deux

premières livraisons publiées. 2 vol. in-8°,
brochés. 8 fr.

61 **NOUVEAU** (le) **TESTAMENT**, traduit en
grec moderne. *Londres*, 1822, 1 vol. in-12 ,
relié. 12 fr.

62 **PRECES** sancti Niersis Clajensis, Armenorum
patriarchæ, sedecim linguis, armenicè literalis, armenicè vulgaris, græcè literalis, græcè
vulgaris, latinè, italicè, gallicè, hispanicè,
germanicè, anglicè, hollandicè, illyricè, ser-
vianè, hungaricè, turcicè, et tartaricè arme-
niacis characteribus. *Venetiis*, 1818, 1 vol.
in-32, broché. 8 fr.

63 **OPUSCULES** de saint Augustin; traduits en
grec moderne. *Leipsick*, 1804, 1 vol. in-8°,
demi-reliûre. 8 fr.

64 **OPUSCULES** de divers auteurs sur la religion;
en grec moderne. *Leipsick*, 1804, 1 vol. in-8°,
relié. 5 fr. 50 c.

65 **TRENTE-SIX CHAPITRES** sur la religion
des Latins, et quelques dialogues religieux;
par *Diamanti Rhysios*; en grec moderne. *Venise*, 1748, 1 vol. in-8°, vélin. 7 fr. 50 c.

66 **APOLOGIE** historique et critique du saint
clergé de l'Église d'Orient contre les calom-

.nies de Néophyte Doucas; par *Cyrille*; en grec moderne. *Venise*, 1815, 1 vol. grand in-8°, papier vélin, broché. 6 fr.

67 **INSTRUCTION** pour les Grecs qui se trouvent dans l'étendue de l'empire ottoman; en grec moderne. *Rome*, 1798, 1 vol. in-8°, br. 3 fr.

68 **LETTRE** de l'empereur Alexandre à Néophyte Doucas; en grec moderne. *Vienne*, 1809, 1 vol. in-8°, broché. 2 fr. 50 c.

69 **TRAVELS IN GREECE**, or an Account of a tour made at the expense of the society of Dilettanti; by *Richard Chandler. Oxford*, 1776, 1 vol. in-4°, relié, avec cartes. 30 fr.

70 **THE MODERN TRAVELLER IN GREECE**, or, a popular description, geographical, historical and topographical of that country. *London*, 1826, 2 vol. grand in-18, avec cartes et de jolies gravures, brochés. 15 fr.

71 **A NARRATIVE** of lord Byron's last Journey to Greece; by *Gamba. Paris*, 1825, 1 vol. in-12, broché. 6 fr.

72 **GREECE;** being a series of letters and other documents on the greek revolution, written during a visit to that country; by the Hon.

Col. *L. Stanhope* : contains some most curious details relative to lord Byron. *Paris,* 1825, 2 vol. in-12, brochés.   12 fr.

IMPRIMERIE DE LACHEVARDIERE,

RUE DU COLOMBIER, N° 30.

9 782329 621364